22.
NOVEMBER

DAS IST DEIN TAG

DEIN STAMMBAUM

Urgroßvater

Urgroßmutter

Urgroßvater

Urgroßmutter

Großmutter

Großvater

VORNAME UND NAME:

....

GEBOREN AM:

....

UHRZEIT:

....

GEWICHT UND GRÖSSE:

....

Mutter

STADT:

....

LAND:

....

Ich

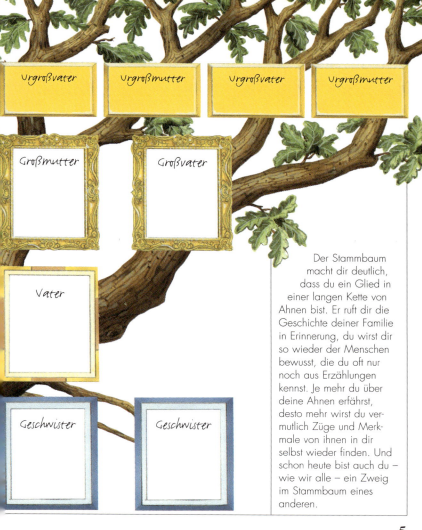

Urgroßvater

Urgroßmutter

Urgroßvater

Urgroßmutter

Großmutter

Großvater

Vater

Geschwister

Geschwister

Der Stammbaum macht dir deutlich, dass du ein Glied in einer langen Kette von Ahnen bist. Er ruft dir die Geschichte deiner Familie in Erinnerung, du wirst dir so wieder der Menschen bewusst, die du oft nur noch aus Erzählungen kennst. Je mehr du über deine Ahnen erfährst, desto mehr wirst du vermutlich Züge und Merkmale von ihnen in dir selbst wieder finden. Und schon heute bist auch du – wie wir alle – ein Zweig im Stammbaum eines anderen.

W as wären wir ohne unseren Kalender, in dem wir Geburtstage, Termine und Feiertage notieren? Julius Cäsar führte 46 v. Chr. den Julianischen Kalender ein, der sich allein nach dem Sonnenjahr richtete. Aber Cäsar geriet das Jahr ein wenig zu kurz, und um 1600 musste eine Abweichung von zehn Tagen vom Sonnenjahr konstatiert werden. Der daraufhin von Papst Gregor XII. entwickelte Gregorianische Kalender ist zuverlässiger. Erst nach 3.000 Jahren weicht er um einen Tag ab. In Europa setzte er sich jedoch nur allmählich durch. Russland führte ihn zum Beispiel erst 1918 ein, deshalb gibt es für den Geburtstag Peters des Großen zwei verschiedene Daten.

Die Zyklen von Sonne und Mond sind unterschiedlich. Manche Kulturen folgen in ihrer Zeit-

rechnung und damit in ihrem Kalender dem Mond, andere der Sonne. Gemeinsam ist allen Kalendern, dass sie uns an die vergehende Zeit erinnern, ohne die es natürlich auch keinen Geburtstag gäbe.

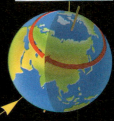

Die Erde dreht sich von Ost nach West innerhalb von 24 Stunden einmal um ihre Achse und umkreist als der dritte von neun Planeten die Sonne. All diese Planeten zusammen bilden unser Sonnensystem. Die Sonne selbst ist ein brennender Ball aus gigantisch heißen Gasen, im Durchmesser mehr als 100-mal größer als die Erde. Doch die Sonne ist nur einer unter aberhundert Millionen Sternen, die unsere Milchstraße bilden; zufällig ist sie der Stern, der unserer Erde am nächsten liegt. Der Mond braucht für eine Erdumrundung etwa 28 Tage, was einem Mondmonat entspricht. Und die Erde wiederum dreht sich in 365 Tagen und sechs Stunden, etwas mehr als einem Jahr, um die Sonne. Das Sonnenjahr teilt sich in zwölf Monate und elf Tage, weshalb einige Monate zum Ausgleich 31 statt 30 Tage haben.

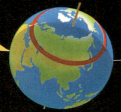

Die Erdhalbkugeln haben konträre Jahreszeiten.

Die Sonne, der Mond und die Planeten folgen festen Himmelsbahnen, die sie immer wieder an zwölf unveränderten Sternbildern vorbeiführen. Ein vollständiger Umlauf wird in 360 Gradschritte unterteilt. Die Sonne befindet sich etwa einen Monat in jeweils einem dieser Zeichen, was einem Abschnitt von 30 Grad entspricht. Da die meisten dieser Sternkonstellationen von alters her Tiernamen erhielten, wurde dieser regelmäßige Zyklus auch Zodiakus oder Tierkreis genannt.

Schon früh beobachteten die Menschen, dass bestimmte Sterne ganz speziell geformte, unveränderliche Gruppen bilden. Diesen Sternbildern gaben sie Namen aus dem Tierreich oder aus der Mythologie. So entstanden unsere heutigen Tierkreiszeichen, die sich in 4.000 Jahren kaum verändert haben. Die festen Himmelsmarken waren von großem praktischen Wert: Sie dienten den Seefahrern zur Navigation. Zugleich beflügelten sie aber auch die Phantasie. Die Astrologen gingen davon aus, dass die Sterne, zusammen mit dem Mond, unser Leben stark beeinflussen, und nutzten die Tierkreiszeichen zur Deutung von Schicksal und Charakter eines Menschen.

WIDDER: 21. März bis 20. April

STIER: 21. April bis 20. Mai

ZWILLING: 21. Mai bis 22. Juni

KREBS: 23. Juni bis 22. Juli

LÖWE: 23. Juli bis 23. August

JUNGFRAU: 24. August bis 23. September

WAAGE: 24. September bis 23. Oktober

SKORPION: 24. Oktober bis 22. November

SCHÜTZE: 23. November bis 21. Dezember

STEINBOCK: 22. Dezember bis 20. Januar

WASSERMANN: 21. Januar bis 19. Februar

FISCHE: 20. Februar bis 20. März

9

Der Mond wandert in etwa einem Monat durch alle zwölf Tierkreiszeichen. Das heißt, dass er sich in jedem Zeichen zwei bis drei Tage aufhält. Er gibt dadurch den Tagen eine besondere Färbung, die du als Skorpion anders empfindest als andere Sternzeichen.

In welchem Zeichen der Mond heute steht, erfährst du aus jedem gängigen Mondkalender. Wandert der Mond durch den **Widder,** ist der Skorpion nicht zu schlagen. Denn er weiß: Der Stärkste gewinnt – und er ist der Stärkste. Bei **Stier**-Mond ist der Skorpion nur dann glücklich, wenn die gesamte Familie um ihn herum versammelt ist. Bei Mond im

Den Tierkreiszeichen werden jeweils bestimmte Planeten zugeordnet: Dem Steinbock ist der Planet Saturn, dem Wassermann Uranus, den Fischen Neptun, dem Widder Mars, dem Stier Venus und dem Zwilling Merkur zugeordnet; der Planet des Krebses ist der Mond, für den Löwen ist es die Sonne. Manche Planeten sind auch mehreren Tierkreiszeichen zugeordnet. So ist der Planet der Jungfrau wie der des Zwillings Merkur. Der Planet der Waage ist wie bereits beim Stier Venus. Die Tierkreiszeichen Skorpion und Schütze haben in Pluto und Jupiter ihren jeweiligen Planeten.

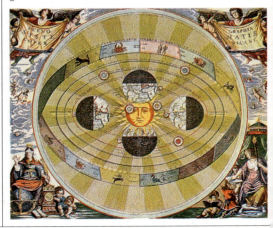

Zwilling kann der Skorpion leidenschaftliche Reden schwingen und besonders temperamentvoll auftreten. An einem **Krebs**-Tag könnte es vorkommen, dass ein Skorpion auf seine Machtansprüche verzichtet, um wie ein Kind geliebt zu werden. Ein Skorpion würde gern an einem einzigen **Löwe**-Tag das ganze Universum nach seinem Willen formen. Zumindest versucht er es hin und wieder. Der Mond in der **Jungfrau** animiert den Skorpion, darüber nachzudenken, wie es wohl sein mag, wenn man sich anpassen muss. Bei **Waage**-Mond erwartet ein Skorpion von seinem Partner alles: Engagement, Hingabe, Leidenschaft ... Ein Skorpion brütet bei **Skorpion**-Mond gern über existenzielle Fragen, ist dabei jedoch für jede Ablenkung dankbar. Wenn ein Skorpion am liebsten die Koffer packen und auf eine lange Selbstfindungsreise gehen möchte, dann ist bestimmt **Schütze**-Mond. Steht der Mond im **Steinbock**, dann hält es der Skorpion für seine moralische Pflicht, seine Mitmenschen über ihre Fehler und Schwächen aufzuklären. Findet ein Skorpion an einem **Wassermann**-Tag, er sei zu wenig Genie, setzt er wenigstens einen großen Hut auf. Mond in den **Fischen** wirkt auf den Skorpion wie ein Weichspüler, allerdings nur dann, wenn er aus Stoff ist.

Unser Sonnensystem mit den neun Planeten

Der Leitsatz der Skorpione lautet: »Es geht nach meinem Willen!«. Sie zeigen extreme Reaktionen und kennen nur Liebe oder Hass. Sich selbst stehen sie ebenso kritisch gegenüber wie anderen und zerstören oft wieder, was sie aufgebaut haben. Durch ihren Charme wirken Skorpionmenschen auf andere

Skorpiongeborene sind loyale Menschen, greifen aber blitzschnell an, wenn man ihren Zorn herausfordert. Sie sind sehr leidenschaftlich und gefühlsbetont.

Ihr Planet, der dunkle, dynamische Pluto, verleiht den Skorpionen brodelnde Energie und eine magnetische Lebenskraft. Wie jedes Tierkreiszeichen wird auch der Skorpion in drei Dekaden unterteilt, die jeweils eigene Charakteristika aufweisen. Sie reichen vom 24.10. bis 3.11., vom 4. bis 13.11. und vom 14. bis 22.11. Allen Skorpionen gemeinsam ist ihre starke Persönlichkeit, die niemanden gleichgültig lässt.

sehr anziehend, wegen ihrer Zurückhaltung sind sie aber nur schwer zu durchschauen. Sie neigen zu größter Verschwiegenheit, erwarten diese allerdings auch von ihren Freunden.

Den Tierkreiszeichen werden Farben, Pflanzen und Tiere zugeordnet, die als Glücksbringer gelten. Die Farbe des Skorpions ist Blutrot, seine Edelsteine sind der Gagat und der Granat, seine Pflanze das Geißblatt. Seine Tiere sind die Schlange, der Adler, der Geier und – natürlich – der Skorpion. Sein Glückstag ist der Dienstag.

Mit der dritten Skorpiondekade wird traditionell das Sternbild Herkules, der knieende Mann, in Verbindung gebracht. Die in diesem Zeitraum Geborenen sind zielorientiert und haben eine starke Persönlichkeit. Sie sind sehr feurig, aber ihre Leidenschaft kann leicht gefährlich werden. Diese Menschen haben Visionen, die sie beharrlich verfolgen.

Viele bedeutende Politiker wurden in dieser Dekade geboren: **Jawaharlal Nehru** (14. November 1889), der der erste Premierminister des unabhängigen Indien wurde; **Charles de Gaulle** (22. November 1890), der seine Landsleute im Zweiten Weltkrieg zum Widerstand gegen die Besatzer aufforderte, und der römische Kaiser **Tiberius** (16. November 42 v. Chr., Abb. li. o.), der auf die gerechte Verwaltung der Provinzen und auf einen sparsamen Umgang mit den Staatsgeldern bedacht war. Der große Schriftsteller

Voltaire (21. November 1694, Abb. u.), der sein Vermögen durch geschickte Finanzspekulationen erwarb und zweimal wegen Majestätsbeleidigung in die Bastille geworfen wurde, ist ebenfalls ein Vertreter dieser Dekade.

Prinz Charles (14. November 1948), der britische Thronfolger, ist ebenso in dieser Dekade geboren wie der deutsche Feldmarschall **Erwin Rommel** (15. November 1891), auch »Wüstenfuchs« genannt; sowie der britische **General Montgomery** (17. November 1887), der

14

Auch die Filmschauspielerinnen **Jamie Lee Curtis** (22. November 1958) und **Jodie Foster** (19. November 1962) sowie **Boris Becker** (22. November 1967), der jüngste Wimbledonsieger aller Zeiten, feiern in dieser Dekade Geburtstag.

Indira Gandhi (19. November 1917), die Tochter von Nehru und eine Frau mit eisernem Willen, die 1984 ermordet wurde, erblickte ebenfalls in dieser Dekade das Licht der Welt.

Gegner Rommels in der Schlacht bei El Alamein. In der Welt der Kunst finden sich zwei bedeutende Maler: **Claude Monet** (14. November 1840, Abb. o.), der mit seinem Gemälde »Impression, soleil levant« dem Impressionismus seinen Namen gab, und der belgische Surrealist **René Magritte** (21. November 1898), der in jungen Jahren Tapeten in einer Fabrik entwarf.

15

VIVE LA FRANCE !

Am 22. November 1890 wurde der charismatische General und Politiker Charles de Gaulle geboren. Sein Aufstieg zu einer der wichtigsten Figuren der französischen Politik im 20. Jahrhundert begann, als er in einer der dunkelsten Stunden Frankreichs, während des Zweiten Weltkriegs, seine Landsleute beschwor, sich gegen die deutsche Besatzungsmacht zu wehren.

1940 wurde de Gaulle General und Staatssekretär für Nationale Verteidigung. Nachdem Frankreich von den Deutschen besetzt worden war, floh er nach England, erklärte sich dort selbst zum Träger der französischen Souveränität, baute als Chef der Bewegung *Freies Frankreich* ein eigenes Regierungssystem auf und forderte die Franzosen zum Widerstand gegen die deutschen Besatzer auf. Nach der Befreiung Frankreichs

A TOUS LES FR

La France a perdu une b
Mais la France n'a pas

1944 zog er an der Spitze einer provisorischen Regierung in Paris ein und war dann zunächst Ministerpräsident und provisorisches Staatsoberhaupt. Seine Forderung nach einer starken Staatsgewalt wurde ihm von seinen Gegnern jedoch als Eigeninteresse ausgelegt, so dass er

sich zum Rücktritt gezwungen sah; er beeinflusste aber die Ereignisse weiter aus dem Hintergrund. 1958, nach dem Zusammenbruch der vierten Regierung, wurde er erneut zum Ministerpräsidenten mit großen Vollmachten gewählt und, nachdem er für eine Stärkung der Regierungsautorität gegenüber dem Parlament gesorgt hatte, schließlich zum Staatspräsidenten der fünften Republik. Um seine Politik durchzusetzen, verschaffte er sich wiederholt breite Zustimmung beim Volk. 1958 erklärte er Algerien ohne Unterstützung des Militärs die Unabhängigkeit. Im Sinne seines Ideals von der *Grande Nation* baute er Frankreich zur Atommacht auf. 1963 schloss er mit Adenauer den deutsch-französischen Friedensvertrag. Ein Volksentscheid infolge der Studentenunruhen von 1968 fiel zu Charles de Gaulles Ungunsten aus: Er trat 1969 zurück.

Am 22. November 1718 wurde **Blackbeard**, einer der gefürchtetsten Piraten des 18. Jahrhunderts, auf den eine Belohnung ausgesetzt war, von einem britischen Marineoffizier erschossen. Der Pirat Edward Teach wurde Blackbeard genannt, weil er einen gewaltigen schwarzen Bart trug, den er mit Bän-

dern zusammenhielt. Gelegentlich steckte er sogar brennende Zünder hinein, um noch furchteinflößender zu wirken.

Mit nur 20 Jahren wurde der Boxer **Mike Tyson** heute im Jahr 1986 der jüngste Schwergewichtsweltmeister aller Zeiten. Der Kampf gegen Trevor Berbick in Las Vegas war schon in der zweiten Runde beendet (ohne Abb.).

1888, am 22. November, wurde **erstmals eine öffentliche Ansprache aufgezeichnet**: Der Premierminister William Gladstone sprach für kommende Generationen in den Fonografen des amerikanischen Erfinders Thomas Alva Edison. Der Vorschlag dazu stammte von Edison selbst (ohne Abb.).

Am heutigen Tag im Jahr 1901 hatte die einaktige Oper **Feuersnot** von Richard Strauss in Dresden Premiere (ohne Abb.).

An diesem Tag des Jahres 1980 starb die amerikanische Schauspielerin **Mae West**, die durch ihren frivolen Humor in Filmen wie »Sie tat ihm Unrecht« und »Ich bin kein Engel« berühmt wurde. Als sie einmal gefragt wurde, wofür sie der Welt in Erinnerung bleiben wolle, antwortete sie schlicht: »Für alles!«

Am 22. November des Jahres 1963 starb der britische Romanschriftsteller, Essayist und Philosoph **Aldous Huxley**, der als Autor von »Brave New

World« und Essays wie »Die Pforten der Wahrnehmung« (The Doors of Perception) bekannt wurde. Der Name einer berühmten Rockband der sechziger Jahre, »The Doors«, bezog sich auf diesen Essay. Huxley selbst lag aber nichts an Ruhm: »Ich habe Angst davor, aus der Verborgenheit gezerrt zu werden!«, sagte er einmal. »Authentisches wächst nur im Dunkeln. Wie Sellerie.«

Am heutigen Tag im Jahr 1911 beschloss der Landtag von Mecklenburg, eine

Junggesellensteuer einzuführen. Unverheiratete Männer, die über 30 Jahre alt waren, sollten mehr Steuern zahlen als Verheiratete (ohne Abb.).

1975, am 22. November, wurde **Juan Carlos** als König von Spanien vereidigt. Sein Vater, Don Juan von Bourbon, und der Diktator General Franco hatten 1947 entschieden, dass Spanien nach dem Tod Francos in eine Monarchie umgewandelt werden sollte, und bestimmten Juan Carlos als Thronanwärter. Franco hatte ihn dann 1969 offiziell zu seinem Nachfolger ernannt.

Heute im Jahr 1497 umrundete der portugiesische Seefahrer **Vasco da Gama** das Kap der Guten Hoffnung an der Südspitze Afrikas. Damit entdeckte er als erster Europäer einen Seeweg um das Kap herum nach Indien, dessen Gewürze zu jener Zeit in Europa heiß begehrt waren.

An diesem Tag des Jahres 1950 fand im Neckarstadion in Stuttgart das erste **Fußballländerspiel** Deutschlands nach dem Krieg statt. Die Deutschen besiegten die Schweiz mit 1:0 Toren (ohne Abb.).

A m 22. November des Jahres 1963 ereignete sich eine der größten Tragödien in der amerikanischen Geschichte: Der amtierende Präsident John F. Kennedy wurde bei einer Autofahrt durch die Straßen

von Dallas erschossen. Diese Tat erschütterte die Nation auf das Äußerste. Doch nicht nur seine Landsleute, sondern die ganze Welt war schockiert von der Ermordung Kennedys.

Noch Jahre später konnten sich viele Amerikaner genau daran erinnern, was sie gerade gemacht hatten, als sie die fürchterliche Nachricht vom Tod Kennedys erfuhren. Der junge Präsident, der mit seinem

EXTRA

PRESIDENT SLAIN

Texas Assassin Hits Kennedy in Automobile

News Call-Bulletin

natürlichen Charme und seiner sympathischen Art nicht nur die Herzen seiner Landsleute erobert hatte, verkörperte außerdem für viele Menschen den amerikanischen Traum vom beruflichen Erfolg. Weltweit galt er als ein sehr sachlicher und diplomatischer Politiker und Regierungschef.
Das schreckliche Ereignis, das die gesamte Welt in einen

Schockzustand versetzte, fand bei strahlendem Sonnenschein statt, als Kennedy während eines Besuchs in Dallas in einer offenen Limousine durch die Stadt gefahren wurde. Tausende von Schaulustigen säumten die Straßen und winkten ihm und seiner Frau Jackie zu, als

plötzlich mehrere Schüsse fielen und der Präsident in sich zusammensackte. Er hatte stark blutende Kopfverletzungen erlitten, denen er kurz danach im Krankenhaus erlag. Das Attentat soll ein gewisser Lee Harvey Oswald begangen haben, der später von Jack Ruby erschossen wurde. 1964 gab der Oberste Richter Earl Warren einen Bericht heraus, in dem er Oswald als Einzeltäter bezeichnete. Seitdem gab es immer wieder Spekulationen über eine Verschwörung. Waren es kubanische Exilanten, texanische Millionäre, der CIA, die Mafia oder gleich mehrere dieser Gruppen? Heute besteht kaum noch die Chance, die ganze Wahrheit über die Ermordung Kennedys aufzudecken.

Jeden Monat werden Erfindungen gemacht, die unser Alltagsleben in vielerlei Hinsicht beeinflussen. Auch

der November bildet da keine Ausnahme.

Eines der beliebtesten Kinderspielzeuge der Welt wurde am 18. November des Jahres 1902 getauft: der **Teddybär**. Ein russi-

AB O⁺

scher Emigrant aus Brooklyn, Morris Mitchom, soll den knuddeligen Stoffbären ihren Namen gegeben haben, nachdem er eine Karikatur gesehen hatte, die sich auf ein Ereignis im Leben des amerikanischen Präsidenten »Teddy« Roosevelt bezog. Bei einem seiner Jagdausflüge hatte Roosevelt nämlich eine Bärin und ihre Jungen, die ihm vor die Flinte gelaufen waren, verschont. Mitchom verkaufte seine Bären daraufhin als »Teddys«.

Am 14. November 1900 berichtete der österreichische Pathologe Karl Landsteiner, dass er beim Menschen **drei verschiedene Blutgruppen** unterscheiden könne: die Gruppen A, B und C. Später nannte er die dritte Gruppe in 0 um und fügte noch eine vierte, nämlich AB, hinzu.

Ein besonders beschwingtes Ereignis fand am 23. November 1889 statt: Die **erste Musikbox der Welt** wurde, sicher-

lich zur großen Freude der Gäste, in einem Hotel in San Francisco aufgestellt. Ihr Wiedergabeprinzip beruhte auf dem von Thomas Alva Edison entwickelten Phonographen.

Der schwedische Chemiker und Fabrikant Alfred Nobel, der spätere Begründer der Nobelpreisstiftung, legte am

25. November 1867 den Grundstein für sein riesiges Vermögen: Er ließ sich einen neuen Sprengstoff, den er **Dynamit** nannte, patentieren. Dieser Stoff bestand aus Nitroglyzerin und einem Absorptionsmittel (Kieselgur).

Schon ab Januar 1867 wurde er von Nobel industriell hergestellt.

Eine amerikanische Debütantin namens Mary Jakob soll am 1. November 1914 den **Büstenhalter** erfunden haben. Als sie sich für eine Party zurechtmachte und absolut keine Lust hatte, sich in das bis dahin übliche, unbequeme Korsett zu zwängen, kam ihr der rettende Einfall, der heute aus der Damenmode nicht mehr wegzudenken ist: Sie ließ ihr Dienstmädchen ein paar Taschentücher zusammennähen und ein Band zwischen die Enden setzen. Später soll sie diese Erfindung für 15.000 Dollar verkauft haben.

Die erste automatische Telefonzentrale der Welt, die am 3. November 1892 in Betrieb genommen wurde, hat einen überaus amüsanten Entstehungsgrund. Ihr Erfinder war nämlich der

Bestattungsunternehmer Almon Brown Strowger aus Kansas City. Dieser hatte herausgefunden, dass das Fräulein vom Amt mit seinem Konkurrenten

verheiratet war und Anrufe, die eigentlich an Strowgers Nummer gerichtet waren, oft auf die Nummer ihres Mannes umleitete. Not macht bekanntlich erfinderisch, und so sann Strowger auf eine Lösung, die er schließlich in der automatischen Telefonzentrale fand. Von da an erhielt er wieder genügend Anrufe für sein Bestattungsunternehmen!

Der Herbst ist nicht nur die Jahreszeit der Nebelschleier, sondern auch eine Periode der Veränderung. Die Tier- und Pflanzenwelt der Nordhalbkugel bereitet sich auf den nahenden Winter vor. In Scharen versammeln sich die Zugvögel auf den Bäumen oder lassen sich auf Stromleitungen nieder, bevor sie zu ihrer langen Reise in wärmere Gefilde aufbrechen.

Der Zug der Kraniche, die bei der Migration Tag und Nacht unterwegs sind, ist ein unvergesslicher Anblick. Sie fliegen in großen Gruppen, und zwar meist in Keilformation. Langsam ziehen die majestätischen Vögel vorbei und erfüllen die Luft mit ihrem traurigen und beunruhigenden Schrei. Sie können enorme Entfernungen zurücklegen und machen unterwegs nur an bestimmten Rastplätzen Halt. Für die Japaner ist der Kranich ein Symbol der Weisheit. Bei der winter-

lichen Balz zeigt er sein schönes, im Schnee auffallendes schwarz-weißes Gefieder. Von diesem Anblick haben sich zahllose japanische Künstler inspirieren lassen. Auch der Monarch, ein Schmetterling, legt riesige Strecken zurück. Vor dem Einsetzen des Winters reist er bis zu 4.800 Kilometer weit von Kanada in das sonnigere Klima von Mexiko, wobei er die Luftströmungen ausnutzt und immerzu auf der Suche nach Nahrung ist.

Wenn im Spätherbst die Tage kürzer werden, werfen die Bäume ihre Blätter ab, um den Winter besser überstehen zu können. Der grüne Blattfarbstoff Chlorophyll, der es den Pflanzen ermöglicht, chemische Energie in ihren Blättern zu speichern, wird dann nicht mehr gebildet. Daher schlagen nun rote und braune Farbstoffe durch, und das Laub schillert in herbstlicher Pracht. Der Zellsaft kann die Blätter nicht mehr erreichen; sie sterben ab, damit die Bäume weiterleben können. Die meisten Nadelbäume behalten ihre Nadeln jedoch, da diese kleiner sind und dadurch der Kälte und dem Lichtmangel besser widerstehen können. Deshalb sind Nadelbäume im Gegensatz zu Laubbäumen gewöhnlich immergrün.

Die Amerikaner feiern am vierten Donnerstag im November »Thanksgiving«, das Erntedankfest. Es geht auf das Jahr 1621 zurück, als die Pilgerväter zum Dank für ihre erste Ernte in der Neuen Welt ein Fest feierten.

In Japan feiert man am 15. November das Shichi-go-san (wörtlich: sieben-fünf-drei). An diesem Tag werden drei-, fünf- und siebenjährige Kinder von Priestern gesegnet, und sie bekommen Jahrtausend-Zuckerwerk, das ihnen Glück und ein langes Leben bescheren soll.

Der 25. November ist der Tag der Heiligen Katharina, der Schutzpatronin aller unverheirateten Frauen. Katharina wurde für ihren Glauben auf ein mit scharfen Klingen beschlagenes Rad gespannt. Dieses zersprang jedoch und verwundete ihre Peiniger, während Katharina selbst unverletzt blieb. In Paris wirft man an diesem Tag Hüte in die Luft (Abb. o.).

Die Katholiken feiern schon seit dem 10. Jahrhundert am 2. November ein Fest zur Erinnerung an die Verstorbenen. In Deutschland nennt man es daher Allerseelen. Nach dem Volksglauben kommen in der Nacht vor diesem Feiertag die Seelen der Toten zu Besuch. Deshalb werden Lichter, aber auch Speisen und Getränke, auf Gräbern, Altären und in

A hearty Thanksgiving

名代

千歳飴

den Häusern aufgestellt. Auch die Mexikaner gedenken am 2. November ihrer Toten. Für sie ist es ein Freudenfest, sie feiern das Leben ihrer Verstorbenen, die ihnen an diesem Tag willkommene Gäste sind. Auf den Märkten gibt es Zuckerschädel

die beliebteste Feier dort. Dabei werden unzählige Lampen auf Balkone und Fensterbretter gestellt, und der Nachthimmel wird von Feuerwerk erhellt, das die Kinder anzünden.

lament in die Luft zu sprengen. Ihm zu Ehren heißt daher der 5. November Guy-Fawkes-Tag oder Bonfire Night (Abb. u.).
In Thailand danken die Menschen am »Fest des

und Knochenbrote.
Auch in Belgien, Frankreich und Italien ist dieser Tag den Toten gewidmet. Man isst Gewürzkuchen und schmückt die Gräber; in Portugal führen Prozessionen zum Friedhof.
In Indien beherrscht Lakschmi, die Hindugöttin des Glücks und der Schönheit, den November; Diwali, das Fest der Lampen, ist

Auch in Großbritannien dürfen die Kinder einmal im Jahr Feuerwerkskörper zünden. Das Geld für die Raketen bekommen sie für ihre aus Stroh selbst gebastelten Figuren von Guy Fawkes. Dieser hatte vor fast 400 Jahren, im Jahr 1605, versucht, das englische Par-

schwimmenden Blattkelchs«, dem Loy Krathong, für die Gabe des Wassers. Sie stellen brennende Kerzen, Räucherstäbchen und Blumen in kleine Boote aus Blättern, die aufs Wasser gesetzt werden, wo sie langsam forttreiben.

27

❶ Docht einhängen

❷ Kerze gießen

❸ Kerze bestücken

Material:

Kerzendocht
Zimtstangen
Sternanis
Gießwachs
Glas

1. Docht einhängen
Einen Kerzendocht mehrmals um ein Holzstäbchen wickeln und in der Höhe des Glases herabhängen lassen. Stäbchen mittig auf das Glas legen.

2. Kerze mit Zimtstangen gießen
Kerzenreste oder Kerzengranulat schmelzen und das heiße Wachs 0,5 cm hoch in das Glas gießen. In das gerade erhärtete Wachs rundum Zimtstangen drücken und bis zur Oberkante der Zimtstangen Wachs aufgießen.

3. Kerze mit Sternanis bestücken
In das gerade erhärtete Wachs rundum Sternanis mit den Spitzen eindrücken. Glas bis zur Oberkante mit Wachs aufgießen und erkalten lassen. Zum Herauslösen das Glas kurz unter heißes Wasser halten und am Docht ziehen. Docht abschneiden.

Weihnachtsgewürze wie Nelken, Lorbeer und getrocknete Scheiben von Zitrusfrüchten lassen sich ebenfalls in Wachs gießen.

Novemberzeit

Kein Mai und kein August kann,
was der November vermag:
den Ofen anfeuern, das Licht anzünden
und heißen Tee kochen.

Nebelzeit, Ruhezeit,
Lesezeit, Sofazeit,
Novemberzeit.